Stephanie Lange

Konstruktionen von Männlichkeit und ihre Wechselwirkung mit Medienformen und -funktionen in Bret Easton Ellis' "American Psycho"

GRIN Verlag

Bibliografische Information der Deutschen Nationalbibliothek:

Die Deutsche Bibliothek verzeichnet diese Publikation in der Deutschen National-
bibliografie; detaillierte bibliografische Daten sind im Internet über http://dnb.d-
nb.de/ abrufbar.

Impressum:

Copyright © 2010 GRIN Verlag, Open Publishing GmbH
Druck und Bindung: Books on Demand GmbH, Norderstedt Germany
ISBN: 978-3-640-90771-7

Dieses Buch bei GRIN:

http://www.grin.com/de/e-book/171418/konstruktionen-von-maennlichkeit-und-
ihre-wechselwirkung-mit-medienformen

GRIN - Your knowledge has value

Der GRIN Verlag publiziert seit 1998 wissenschaftliche Arbeiten von Studenten, Hochschullehrern und anderen Akademikern als eBook und gedrucktes Buch. Die Verlagswebsite www.grin.com ist die ideale Plattform zur Veröffentlichung von Hausarbeiten, Abschlussarbeiten, wissenschaftlichen Aufsätzen, Dissertationen und Fachbüchern.

Besuchen Sie uns im Internet:

http://www.grin.com/

http://www.facebook.com/grincom

http://www.twitter.com/grin_com

Es geht in *American Psycho* nicht um einen Serienmörder [...].
Es geht um [die] Regeln, die die Gesellschaft dem Einzelnen auferlegt.
Aber die Gesellschaft ist verlogen, ist verrottet, ist verloren –
am Ende hält man sich an die Regeln und geht doch leer aus.
Und die Wut, die dieser junge Mann verspürt,
ist auch nur ein Produkt dieser verstunkenen Gesellschaft. [...]
Für mich ist es ein Buch über einen traurigen jungen Mann.

(Bret Eason Ellis über *American Psycho* bei *Zeit Online*)

1. Einleitung

Mit *American Psycho* und seiner Hauptfigur Patrick Bateman hat Bret Easton Ellis die Literaturwelt Anfang der 90er Jahre schockiert. Die detaillierten Beschreibungen bestialischer Gewalttaten und ausschweifender Sexorgien riefen Jugendschützer und Feministinnen auf den Plan, spalteten Leserschaft und Kritiker. Es dauerte Jahre, bis Ellis' Roman in der literaturwissenschaftlichen Forschung Beachtung fand, doch dass es Ellis um mehr ging, als nur einen Schockroman zu schreiben, haben inzwischen einige Untersuchungen seines Werkes gezeigt. Die präzisesten Analysen von *American Psycho* finden sich in Constanze Alts Publikation *Zeitdiagnosen im Roman der Gegenwart*, die Ellis' Roman unter dem Gesichtspunkt der Zeitdiagnose bzw. -kritik untersucht und ihn in Beziehung zum deutschen Poproman setzt, und in Ludwig Kuons Dissertation *René Girard und die Wahrheit des Romans*, die *American Psycho* im Hinblick auf Begehrenskonstellationen analysiert. Beide Arbeiten weisen immer wieder auf die Rolle verschiedener Medien im Roman hin und diesen Aspekt möchte die vorliegende Arbeit aufgreifen. Ein besonderes Augenmerk soll dabei auf der Wechselwirkung von Medien und Konstruktionen von Männlichkeit liegen, die sich in *American Psycho* auf unterschiedliche Weise manifestieren. Zunächst sollen daher Grundmuster von Maskulinität erläutert und anhand der Figur Patrick Bateman veranschaulicht werden. Mithilfe der Untersuchungen von Irina Rajewsky zur Intermedialität des Erzählens im zeitgenössischen Roman sollen anschließend Formen und Funktionen von Medien im Roman untersucht und in Bezug zu allgemeingültigen Männerbildern bzw. Konstruktionen von Männlichkeit speziell in den 1980er Jahren gesetzt werden. Anschließend soll gezeigt werden, welchen Einfluss die Erzeugung dieser Bilder auf die Hauptfigur hat und inwieweit sie mit der im Buch dargestellten Gewalt und deren medialen Inszenierung im Zusammenhang steht. Eine abschließende Betrachtung soll dann die Frage beantworten, wie Medien und Männlichkeit im Roman zusammenwirken und welche Konsequenzen dies für die Hauptfigur Patrick Bateman hat.

2. Theoretischer Bezugsrahmen

Vor der eigentlichen Analyse von *American Psycho* im Hinblick auf Konstruktionen von Männlichkeit und wie diese durch Medien vermittelt werden, soll zunächst der theoretische Bezugsrahmen der Arbeit dargelegt werden.

Die Untersuchung von Medienformen und -funktionen verlangt zunächst nach einer präzisen Definition des Terminus „Medium". Im Folgenden soll daher auf Siegfried Schmidts integratives Konzept des Mediums als „Kompaktbegriff" mit vier Komponenten zurückgegriffen werden: Schmidt unterscheidet zwischen Medien als semiotischen Kommunikationsinstrumenten, Medientechnologien, sozialsystemischen Institutionalisierungen und spezifischen Medienangeboten. In Bezug auf *American Psycho* sind besonders spezielle Medienangebote sowie deren Rezeption und Produktion von Belang. Im direkten Zusammenhang damit sollen auch im Text auftauchende Medientechnologien wie Film-, Fernseh- und Videotechniken untersucht werden, die maßgeblichen Einfluss auf die Produktion und Rezeption erstgenannter Medienangebote haben (Schmidt 2000: 93-95). Im Sinne Schmidts soll anhand des Textes gezeigt werden, wie Medien und ihre verschiedenen Komponenten „Raum- und Zeiterfahrung, Kontaktformen, Körpererfahrungen, Kommunikationsmöglichkeiten und -qualitäten" (Schmidt 2000: 97) verändert haben, inwiefern sie „alltägliche Instrumente der Wirklichkeitskonstruktion" (Schmidt 2000: 100) sind und wie sich dies (in Bezug auf Konstruktionen von Männlichkeit) in der Literatur niederschlägt .

Hinsichtlich der Frage, wie Medienangebote und -technologien Eingang in Ellis' Roman finden, soll mit Irina Rajewskys Definitionen von „Intermedialität" und „intermedialen Bezügen" gearbeitet werden: „Intermedialität" meint bei Rajewsky „Mediengrenzen überschreitende Phänomene, die mindestens zwei konventionell als distinkt wahrgenommene Medien involvieren" (Rajewsky 2002: 19). Unter diesem Begriff subsumiert sie die drei Bereiche „Medienkombination", „Medienwechsel" und „intermediale Bezüge". Mit Blick auf Formen und Funktionen von Medienangeboten und -technologien in *American Psycho* ist ausschließlich der

Bereich der intermedialen Bezüge relevant. Rajewsky definiert diesen wie folgt:

> Verfahren der Bedeutungskonstitution eines medialen Produkts durch Bezugnahme auf ein Produkt (= Einzelreferenz) oder das semiotische System (= Systemreferenz) eines konventionell als distinkt wahrgenommenen Mediums mit den dem kontaktnehmenden Medium eigenen Mitteln; nur letzteres ist materiell präsent. Bezug genommen werden kann auf das fremdmediale System als solches oder aber auf ein (oder mehrere) Subsystem(e) desselben, wobei letzteres *per definitionem* auch ersteres impliziert. (Rajewsky 2002: 19)

Bei der Untersuchung des Romans soll der Frage nachgegangen werden, mit welchen literarischen Mitteln das Medium Text es vermag, Strukturen eines anderen Mediums (z.B. des Films) aufzugreifen und welche Funktionen dieser Prozess erfüllt (Rajewsky 2002: 25).

Allerdings weist Rajewsky dezidiert darauf hin - und auch dieser Hinweis soll in der Analyse von *American Psycho* berücksichtigt werden -, dass der Gebrauch intermedialer Bezüge in einem literarischen Text immer einen „'Als ob'-Charakter" hat, d.h. der Autor gibt lediglich vor, beispielsweise mit filmischen Techniken zu arbeiten. Tatsächlich aber ruft er nur den Eindruck oder die Illusion des Filmischen im Leser hervor, um den sogenannten „intermedial gap" zu überwinden, weshalb Rajewsky den Begriff „filmbezogene" Schreibweise dem von ihr als inadäquat eingestuften Terminus der „filmischen" Schreibweise vorzieht (Rajewsky 2002: 39 f., 57, 70, 88). Dies soll auch in der Untersuchung von Ellis' Roman so gehandhabt werden.

Weiterhin fasst Rajewsky unter dem Begriff der intermedialen Bezüge zwei Formen zusammen: die Einzel- und die Systemreferenz. Während es sich bei der Einzelreferenz um den Bezug eines Textes auf ein oder mehrere Medienprodukte handelt, meint die Systemreferenz den Bezug eines Textes auf ein semiotisches System, was „Bezüge auf bestimmte Genres bzw. Diskurstypen" sowie „Bezüge auf ein anderes [...] mediales System als solches" beinhaltet (Rajewsky 2002: 72). Die Einzelreferenz weist somit immer auf die Systemreferenz hin, die sich wiederum in zwei verschiedene Referenzformen aufspaltet: einerseits die Systemerwähnung, d.h. das „Reden über" ein Bezugssystem, andererseits die Systemkontamination, d.h. die „'Reproduktion' bestimmter Elemente und/oder Strukturen" eines Bezugssystems (Rajewsky 2002: 79). Auch hier entscheidet Rajewsky zwischen einigen Unterformen, die allerdings der Klarheit halber erst in der Analyse konkreter Beispiele aus *American Psycho* zur Sprache kommen sollen.

3. Patrick Bateman als „kranker Mann der 80er Jahre"

In *American Psycho* porträtiert Bret Easton Ellis das ausschweifende Leben des Yuppies und Mittzwanzigers Patrick Bateman: Umgeben von schönen Frauen und seinen Kollegen von der Wall Street verbringt er stets gut gekleidet, attraktiv gebräunt und perfekt frisiert seine Zeit in angesagten Restaurants und Clubs, im Sportstudio oder vor dem Videorecorder. Doch Patrick hat auch eine dunkle Seite: Er erniedrigt, verletzt und ermordet Obdachlose und in seinem Apartment tötet er Frauen nach dem Geschlechtsverkehr auf brutalste Weise – das alles hält er auf Video fest.

Bevor diese Arbeit sich der dunklen Seite Patrick Batemans widmet, wird sie zunächst seine Identität als Mann in den 1980er Jahren untersuchen: Welche Konstruktionen von Männlichkeit bot diese Zeit? Wie wird Männlichkeit darüber hinaus definiert? Welche Rolle spielen spezielle Medienangebote und -technologien hinsichtlich der Konstruktion von Männlichkeit im Roman?

Ellis' Roman spielt um 1988 in New York, Patrick Bateman sah sich dementsprechend mit dem amerikanischen Männerbild der späten 80er Jahre konfrontiert, das zwischen dem Ideal des muskulösen männlichen Körpers wie dem eines Sylvester Stallones in Filmen wie *Rambo* und alternativen, androgynen Konstruktionen von Männlichkeit, verkörpert durch Popstars wie Prince oder Boy George, oszillierte. Zwischen diesen Extremen taten sich derweil immer mehr „Mischformen" von Männlichkeit auf, das Bild des Mannes wurde zunehmend komplexer und vielfältiger (Erhart & Hermann 1997: 5). Elizabeth Badinter spricht in diesem Zusammenhang sogar von der „Verstümmelung" des Mannes und davon, dass alte Konstruktionen von Männlichkeit „im Sterben" liegen. Sie beschwört damit das Bild des „'kranke[n] Mann[es] der 80er Jahre" herauf, den Patrick Bateman zu überwinden sucht (Horlacher 2006: 13, 25 f.). Viele Untersuchungen der noch jungen Men Studies weisen darauf hin, dass Männlichkeit nicht natürlich oder angeboren ist, sondern vielmehr gelehrt werden muss. Der meist diskutierte „Lehrer" in dieser Sache ist der Vater oder eine Vaterfigur[1]. Beides findet sich in *American Psycho* bezeichnenderweise nicht. Ohne eine Leitfigur ist der Mann der Moderne nicht selten auf die Medien zurückgeworfen, in denen verschiedene Männerbilder auftreten und vermarktet werden. Der Konsument sieht sich einem Überangebot von

---

1 Zum „Erlernen" der Männlichkeit und zur Rolle des Vaters siehe die Einschätzungen von Alfred Habegger, David Gilmore und Peter N. Stearns in Horlacher 2006: 14, 26 f.

Männlichkeiten zur Identifikation gegenüber, das vor allem zwei Probleme aufwirft: Das Individuum weiß nicht mehr, was es bedeutet, ein Mann zu sein und fühlt sich in seiner Rolle als Mann nicht wohl (Horlacher 2006: 28, 30).

3.1 Grundmuster von Männlichkeit und ihre Umsetzung in *American Psycho*

Trotz der Veränderungen, denen Konstruktionen von Männlichkeit unterliegen, existieren „universelle Grundmuster von Männlichkeit":

> [...] der 'Zusammenhang zwischen erotischer und wirtschaftlicher Maskulinität', das Idealbild des unternehmerischen 'starken Mannes' [...]. Sehr häufig ist 'Männlichkeit eng verknüpft mit zielstrebigem Schaffen', erscheint sie als Vereinigung disparater Elemente zu einem geordneten Ganzen, als eine Form, die dem Chaos auferlegt wird [...]. Darüber hinaus existiert eine 'wahrscheinlich universal[e] Verbindung von Größe – gemessen an Muskulatur, Leistung oder Besitz [...]. (Horlacher 2006: 60 f.)

Auf den ersten Blick scheint es, als erfülle Patrick Bateman diese Grundmuster: Er ist wohlhabend, also wirtschaftlich erfolgreich, womit auch gleichzeitig eine gewisse Attraktivität einhergeht. Außerdem trainiert er eisern seinen Körper und zeigt durch das Tragen teurer Markenartikel seinen Reichtum nach außen. Die entscheidende Leerstelle im Grundmuster seiner Männlichkeit zeigt sich allerdings in puncto Leistung: Der Roman zeigt Patrick niemals an der Arbeit. Wenn er in seinem Büro an der Wall Street sitzt, vereinbart er private Termine, schaut fern oder löst Kreuzworträtsel. Tatsächlich ist er nur bei *Pierce & Pierce* angestellt, weil die Firma seinem Vater gehört. Eine Tatsache, über die er nicht allzu gern redet, wie sich bei einem Date mit seiner Ex-Freundin Bethany zeigt:

> "And you're at ... P & P?" she asks
> "Yes," I say
> She nods, pauses, wants to say something, debates whether she should, then asks, all in a matter of seconds: "But doesn't your family own-"
> "I don't want to talk about this," I say, cutting her off. "But yes, Bethany. Yes."
> "And you still work at P & P?" she asks. Each syllable is spaced so that it bursts, booming sonically, into my head.
> "Yes," I say, looking furtively around the room.
> "But-" She's confused. "Didn't your father-"
> "Yes, of course," I say, interrupting. "Have you had the foccacia at Pooncakes?" (*American Psycho* 227)

Das Grundmuster „zielstrebigen Schaffens" oder beruflicher Leistung erfüllt Patrick demnach nicht. Auch die „Vereinigung disparater Elemente zu einem geordneten Ganzen, als eine Form, die dem Chaos auferlegt wird" zeigt sich in seinem Verhalten nicht, im Gegenteil: Durch seine Aggressivität und die Morde, die er verübt, begibt er sich erst in einen Sog des Chaos.

Doch mehr noch als gegen die Grundmuster von Männlichkeit „verstößt" Patrick gegen die drei „Verhaltenskriterien des 'Erzeuger-Beschützer-Versorgers'", die mit diesen Grundmustern einhergehen: „Die Anforderungen, Frauen zu schwängern, Abhängige vor Gefahren zu schützen und die Familie und Verwandtschaft zu versorgen." (Horlacher 2006: 61). Eine Vaterschaft scheint unvorstellbar und unerwünscht für Patrick, denn er hat fünf Abtreibungen zu verantworten, von denen er drei selbst mit Gewalt durchgeführt hat (*American Psycho* 367). Doch nicht nur die Gründung einer eigenen Familie liegt Patrick fern, auch die Sorge um Eltern und Geschwister scheint ihm fremd: Nur einmal besucht er seine Mutter im Pflegeheim, verhält sich dabei kalt und abweisend (*American Psycho* 351 f.). Seinem Bruder bringt er sogar unverhohlenen Hass entgegen und ihn amüsiert die Vorstellung, dass dieser sich mit einer Krawatte, die Patrick ihm schenken will, erhängen könnte (*American Psycho* 216). Das männliche Gebot des Schutzes Abhängiger vor Gefahren pervertiert Patrick schließlich in seinem Dasein als Serienmörder, dem sich jeder ausliefert, der sein Apartment betritt.

Eine Entsprechung findet Patrick eher im „männliche[n] Ideal des harten Mannes" oder Machos, dem „'psychische[n] Krüppel', eher zum Sterben gemacht als dazu, zu heiraten'", im einsamen Wolf, der außerhalb des Gesetztes steht (Horlacher 2006: 29). Aber auch diesen Typus erfüllt Patrick nicht in Reinform, in ihm steckt außerdem der Businessman der 80er Jahre, der sich durch „die 'immense Erhöhung [seiner] körperlichen Macht durch Technologie' auszeichnet" (Horlacher 2006: 30). Im Roman erfüllen Medientechnologien eine Fetisch-Funktion: Patrick bestellt sich beispielsweise mehrere HiFi-Geräte, deren Funktionen und Leistung er im Detail beschreibt (*American Psycho* 294-296). Außerdem streitet er mit einem Bekannten darüber, wessen Stereoanlage den besseren Sound erzeugt und versucht so, seine soziale Stellung durch den Besitz neuester Medientechnologien zu behaupten (*American Psycho* 96 f.). Patricks Fixierung auf Technik wird hervorgerufen durch die Anpassung an medial vermittelte Normen, die im Folgenden genauer untersucht werden sollen.

3.2 Konstruktionen von Männlichkeit in Medien

Den Zusammenhang zwischen Patricks Identität als Mann und der Wirkung von Medien im Hinblick auf Konstruktionen von Männlichkeit möchte dieses Kapitel durch eine Untersuchung der Formen und Funktionen von Medien in *American Psycho* näher beleuchten. In Ellis' Roman finden sich vor allem intermediale Bezüge zu Videos, Filmen, Musik und Fernsehsendungen der 1980er Jahre. Auf den ersten Blick scheinen sie nur eine archäologische Funktion zu haben und die amerikanische Kultur der späten 80er Jahre zu archivieren, doch tatsächlich gehen ihre Funktionen darüber hinaus. Sie haben für Patrick vor allem eine identitätsstiftende Funktion, denn sie konstruieren ein Männerbild, an dem er sich stark orientiert.

Patrick setzt sich im Roman einer regelrechten Reizüberflutung aus: Er leiht sich sehr häufig Porno-, Horror- und Actionfilme in einer Videothek, hört unterwegs Musik auf seinem Walkman, liest mit Vorliebe Ratgeber, hat Abonnements auf verschiedene Zeitungen und Magazine und schaut gern fern. Darüber hinaus bemerkt er stets, welche Songs in Clubs und Bars gespielt werden und bezeugt so, wie offen er für diese medialen Reize ist: Als eine Art „Adaptionsmechanismus" scheint er sie ungefiltert wahrzunehmen, wie alle anderen Vorgänge in seiner Umgebung (Egloff 2001: 62 f.). Durch diesen gewohnheitsmäßigen Umgang mit Medien werden sie mehr und mehr zu Bewusstseinsinhalten Patricks und ziehen ihn in einen derartigen Sog, dass er seine Umgebung nur noch durch Medien wahrnehmen kann (Egloff 2001: 86).

3.2.1 Pornographie

Eine Schlüsselrolle spielt in *American Psycho* das Ausleihen von Videos. Zu einer Art Leitmotiv im Roman wird daher der Satz „I gotta return my videotapes" (*American Psycho* 145), der sich aber ironischerweise nie auf eben diese Handlung bezieht, sondern meist ein Hinweis auf die von Patrick verübten Morde ist. Vielmehr noch spiegelt sich hierin aber die Tatsache, dass die 80er Jahre *das* Jahrzehnt der Videos waren (Stockmann 2005: 123). Neben Horrorfilmen leiht Patrick vor allem Pornos aus. Deren Titel werden auf der Ebene der erzählerischen Vermittlung zum Teil mit einer ziemlich detailreichen Inhaltsangabe nicht nur als Einzelreferenz, sondern als zugehörig zu einem System erwähnt.

Die folgende Wiedergabe des Inhalts eines solchen Pornos erstreckt sich als einziger

Satz über dreizehn Zeilen und bildet keinen eigenständigen Absatz, sondern wird unmittelbar vom Bericht eines CD-Kaufs gefolgt. Diese Strukturmerkmale spiegeln die relative Langeweile und Beiläufigkeit wieder, mit der Patrick Pornographie konsumiert:

> Last night I rented a movie called *Inside Lydia's Ass* and while on two Halcion and in fact sipping a Diet Pepsi, I watched as Lydia – a totally tan, bleached-blond hardbody with a perfect ass and great full tits – while on all fours gave head to this guy with a huge cock while another gorgeous blond little hardbody with a perfectly trimmed blond pussy knelt behind Lydia [...]. (*American Psycho* 94)

Der Fokus liegt klar auf den scheinbar perfekten Körpern der Darsteller, den von ihnen eingenommenen Positionen und auf der absoluten Sichtbarkeit des Aktes aus jedem Blickwinkel. Constanze Alt spricht hier von „anatomisch[em]" Sex, wie Patrick ihn auch vor laufender Videokamera mit Prostituierten hat (Alt 2009: 75). In Pornos ist diese Art des Geschlechtsverkehrs natürlich üblich, zielen sie doch darauf ab, das sonst eher Private sichtbar und nachvollziehbar zu machen.

Die Darstellung von Sex in Pornofilmen einerseits und von Patricks Sexualleben mit seiner Freundin Evelyn und seiner Geliebten Courtney andererseits unterscheidet sich in Ellis' Roman drastisch: Während ersterer im Detail beschrieben wird, findet letzterer nie statt. "After attempting to have sex with her for around fifteen minutes, I decide not to continue trying" sagt Patrick beispielsweise über den Sex mit Evelyn (*American Psycho* 23). Daher zieht er Pornographie richtigem Sex vor, denn "pornography is so much less complicated than actual sex, and because of this lack of complication, so much more pleasurable" (*American Psycho* 254, Alt 2009: 91). Nichtsdestotrotz können auch Pornos Patrick nicht die Befriedigung geben, die er sucht. Die Gründe dafür zeigen sich in Paul Smiths Untersuchungen über männliche Sexualität und Pornographie. Laut Smith gibt es viele Vorurteile über Pornos: Sie gelten als Paradigma der männlichen Sexualität, bieten dem Mann Identifikationsmöglichkeiten oder machen ihn zum Voyeur, der „eine Position außerhalb des Bildes ein[nimmt] und [es] kontrolliert [...]." (Smith 1997: 75 f.). Doch tatsächlich scheint es in Bezug auf Pornographie in den 80er und 90er Jahren so einfach nicht zu sein, denn durch die Verwendung verschiedener Aufnahmegrößen, schneller Schnitte, diskontinuierlicher Aufnahmen, durch das Drehen mit einer statischen Kamera, die nicht die Perspektive des männlichen Protagonisten einnahm, und durch andere Faktoren wurde die Identifikation des

Zuschauers mit den männlichen Hauptdarstellern eher untergraben als gestärkt (Smith 1997: 76). Doch Patrick möchte nicht nur Voyeur sein, sondern bei seinen narzisstischen Sexphantasien selbst Regie führen und die Hauptrolle übernehmen, um das nachzunahmen, was er in Pornos gesehen hat, und noch einen Schritt weiter zu gehen (Alt 2009: 75 f.). Wie sich diese Grenzüberschreitung darstellt, wird Gegenstand des vierten Kapitels sein.

3.2.2 Film

Hinsichtlich der Konstruktion von Männlichkeit sind Filme wichtige Indikatoren für den Einfluss von Medienangeboten auf Prozesse der Identitätsfindung. Wie zu Anfang dieses Kapitels angemerkt, brachte die Populärkultur der 1980er Jahre sehr unterschiedliche Männertypen hervor: Während die Popmusik von Künstlern wie Boy George, David Bowie oder auch Michael Jackson eher von effeminierten Männern dominiert wurde, zeigte sich der harte Mann eher im Kino: Filme wie *Rambo I, II* und *III* (1982, 1985, 1988), *Rocky 3* und *4* (1983, 1985), *Terminator* (1984) oder *Bloodsport* (1988) machten Stallone, Schwarzenegger und Van Damme zu Idolen. Auch Patrick erwähnt kurz, dass er „Rambo movies" ausleihen will, weitere Einzelreferenzen bleiben jedoch aus (*American Psycho* 193). *American Psycho* macht weniger den passiven Konsum solcher oder ähnlicher Filme zum Thema (abgesehen vom Konsum einiger Horrorfilme), als vielmehr die Tatsache, dass diese Medienangebote zu Patricks kognitiven Schemata geworden sind, was sich in der Erzählweise des Romans niederschlägt: Patrick nimmt als Ich-Erzähler oft eine Kamera-Perspektive ein, beispielsweise bei seinen genauen Beschreibungen, in denen er wie eine „Videokamera […] langsam und akribisch über jedes Detail gleitet" (Alt 2009: 116 f.).

Zwei andere Beispiele filmbezogenen Erzählens finden sich gegen Ende des Romans. Nach einer Verabredung mit seiner Sekretärin Jean verabschiedet Patrick sich von ihr. Auf der Ebene der erzählerischen Vermittlung stellt sich diese Szene folgendermaßen dar:

> And though it has been in no way a romantic evening, she embraces me and this time emanates a warmth I'm not familiar with. I am so used to imagining everything happening the way it occurs in movies, visualizing things falling somehow into the shape of events on a screen, that I almost hear the swelling of an orchestra, can almost hallucinate the camera panning low around us, fireworks bursting in slow motion overhead, the seventy-millimeter image of her lips parting and the subsequent murmur of „I *want* you" in Dolby sound. But my

embrace is frozen and I realize, at first distantly and then with greater clarity, that the havoc raging inside me is gradually subsiding and she is kissing me on the mouth and this jars me back into some kind of reality and I lightly push her away. (*American Psycho* 254 f.)

Nach Rajewsky spricht man bei dieser Art filmbezogenen Erzählens von einer „simulierenden Systemerwähnung", bei der

> der Erzähler mit seinen Mitteln [...] eine punktuelle filmbezogene Illusion hervorruft, indem er ein filmisches Verfahren anzitiert, eine filmische Metaphorik in seine Rede einbezieht und darüber hinaus sprachlich bzw. syntaktisch den Ablauf und Vorgang einer Überblendung simuliert. (Rajewsky 2002: 102 f.)

Der Erzähler Patrick stellt hier eine Ähnlichkeit zum medialen System Film und innerhalb dieses Systems zum Genre Hollywoodfilm bzw. -romanze her. Für diesen Vergleich gibt es zwei mögliche Gründe: Er weiß, dass Jean ihn anhimmelt und stilisiert sich selbstverliebt zum attraktiven, aber unnahbaren Hauptdarsteller eines Liebesfilms, dessen Wendung er selbst bestimmt, oder er nutzt die Kameraperspektive zur Distanzierung von Jean und ihrer für ihn ungewohnten Zärtlichkeit, um das Geschehen auf diese Weise uninvolviert von außerhalb der Szenerie zu betrachten. Dass er Jean in dieser Situation zurückweist, könnte allerdings auch darin begründet liegen, dass sich eben diese filmische Illusion nicht erfüllt: Statt Patrick auf dramatische Art zu sagen, dass sie ihn begehrt, umarmt Jean ihn nur und küsst ihn auf den Mund (vgl. Egloff 2001: 64 f.).

Ein anderes Beispiel für filmbezogenes Erzählen ist das Kapitel „Chase, Manhattan", das Ludwig Kuon gar den „spektakuläre[n] show down" des Buches nennt (Kuon 2006: 252). Nach einem Abendessen mit seinen Geschäftsfreunden verlässt Patrick das Restaurant mit einer Waffe, erschießt einen Straßenmusiker und liefert sich eine Verfolgungsjagd mit der Polizei. Die Illusion einer filmischen Actionsequenz wird hier mit verschiedenen literarischen Mitteln erzeugt: Fehlende Satzzeichen und endlose Parataxen verdeutlichen schnelle, aufeinander folgende Handlungen und vermitteln einen Eindruck von Chaos und Unübersichtlichkeit. Oft laufen diese endlosen Sätze ins Leere, deuten mit drei Auslassungspunkten einen Schnitt bzw. eine Überblendung an und eine neue Szenerie beginnt mitten im Satz erneut mit Auslassungspunkten (Alt 2009: 129-131):

> [...] I screw a silencer onto the gun, a cold autumn wind rushes up the street, engulfing us, and when the victim opens his eyes, spotting the gun, he stops playing, the tip of the saxophone still in his mouth, I pause too, then nod for him to go on, and, tentatively, he does, then I raise the gun to his face and in midnote pull the trigger, but the silencer doesn't work and in the same instant a huge crimson ring appears behind his head the booming sound of

> the gunshot deafens me, stunned, his eyes still alive, he falls to his knees, then onto his saxophone, I pop the clip and replace it with a full one, then something bad happens ...
> ... because while doing this I've failed to notice the squad car that was traveling behind me – doing what? god only knows, handing out parking tickets? - and after the noise the magnum makes echoes, fades, [...]. (*American Psycho* 334 f.)

Etwa in der Mitte des Kapitels ändert sich innerhalb eines Satzes die Erzählinstanz und aus dem Ich-Erzähler wird plötzlich ein auktorialer Erzähler, was den Eindruck erweckt, als stünde die Hauptfigur nun im wahrsten Sinne des Wortes „neben sich" und habe vollends die Kontrolle über das Geschehen verloren:

> [...] and racing blindly down Greenwich I lose control entirely, the cab swerves into a Korean deli, next to a karaoke restaurant called Lotus Blossom I've been to with Japanese clients, the cab rolling over fruit stands, smashing through a wall of glass, the body of a cashier thudding across the hood, Patrick tries to put the cab in reverse but nothing happens, he staggers out of the cab, leaning against it, a nerve-racking silence follows, „nice going, Bateman," he mutters, [...]

Nach Rajewsky handelt es sich hier um eine „(teil-)reproduzierende Systemerwähnung", die mittels einer „'Verwendung' bestimmter medienunspezifischer Elemente und Strukturen des Bezugssystems" umgesetzt wird (Rajewsky 2002: 108). Bei den angesprochenen Elementen und Strukturen handelt es sich um die oben dargestellten literarischen Mittel, die wiederum die Illusion einer Filmszene erzeugen. Im Kapitel „Chase, Manhattan" wird Patrick somit scheinbar zur Hauptfigur eines Actionfilms und daher vom Konsumenten zum (Mit-)Produzenten eines Medienangebotes. Allerdings scheint er hier weniger Kontrolle über das Geschehen zu haben, als in der Szene mit Jean. Doch gerade die filmnahe Gestaltung dieser Verfolgungsjagd zeigt, wie gern sich Patrick in der Rolle des betont maskulinen Actionhelden sähe. Im realen Leben kann er jedoch keine der beiden Rollen, die Männer in Filmen ausfüllen – die des romantischen Liebhabers oder die des harten Actionhelden – übernehmen.

3.2.3 Musik

Neben audiovisuellen Medienangebote und -technologien spielt vor allem Musik eine große Rolle in *American Psycho*. In drei essayistischen Kapiteln bespricht der Erzähler CDs von Künstlern, die vor allem in den 80er Jahren das Musikgeschäft dominierten: *Genesis*, Whitney Houston und *Huey Lewis and the News*. Diese drei Kapitel haben innerhalb des Romans eine ganz besondere Stellung: Sie sind losgelöst von der Handlung und unterscheiden sich sprachlich sehr stark vom Rest des Romans, denn sie sind im Stil feuilletonistischer Rezensionen geschrieben und stellen damit einen intertextuellen Bezug zum Medium Zeitung bzw. Zeitschrift dar. Auch inhaltlich setzen sie sich ab, denn in diesen Kapiteln werden Werte wie Treue und Vertrauen thematisiert, während der Rest des Romans von Gewalt und Tabubrüchen beherrscht wird.

Es erscheint wie bittere Ironie, wenn Patrick sich für sentimentalen Pop der 80er und Texte über Langzeitbeziehungen und Nächstenliebe begeistert, während er seine Freundin mit einer Geliebten betrügt und auf offener Straße Menschen tötet, doch tatsächlich scheint die Musik für ihn eher ein Ventil für Gefühle zu sein, die er im Alltagsleben nicht zulassen möchte, weil er fürchtet, sich damit angreifbar zu machen: „'Entsprechend des atypischen Vokabulars geht es in den Songs um eherne moralische Werte, um Liebe, Treue [...] und um den Bereich, den Bateman stets aus seinem Alltag ausklammert: Probleme." (Alt 2009: 96). Andererseits könnte Patricks Begeisterung für Musik und Texte dieser Art auch darauf schließen lassen, dass er nicht mehr in der Lage ist, eine Beziehung zwischen der Realität seiner Lebenswelt und von Medien vermittelten Inhalten herzustellen und deshalb blind ist für die moralische Diskrepanz zwischen dem, was er in diesen Kapiteln „predigt" und seinen tatsächlichen Handlungen (Alt 2009: 112).

In diesem Zusammenhang sei auch darauf hingewiesen, welche Bedeutung für Patrick Medientechnologien in Bezug auf Musikgenuss haben: Er zieht medial vermittelte Musik eindeutig Konzerten vor ("I *hate* live music" (*American Psycho* 138)), denn durch die Bedienung seiner HiFi-Anlage kann er selbst ins musikalische Geschehen eingreifen und befindet sich gleichzeitig in keiner Konkurrenzsituation zum Künstler auf der Bühne (Kuon 2006: 248). Eine solche Situation baut sich zunächst bei Patricks Besuch eines U2-Konzerts auf, wird dann aber zu einer Identifikation mit Sänger Bono:

> [...] - and he has a faint, barely noticeable but nonetheless intensive smirk on his face and it grows, spreading across it confidently, and while his eyes blaze, the backdrop of the stage turns red and suddenly I get this tremendous surge of feeling, this rush of knowledge and my own heart beats faster because of this and it's not possible to believe that an invisible cord attached to Bono has now encircled me and now the audience disappears and the music slows down, gets softer, and it's just Bono onstage – the stadium's deserted, the band fades away ... (*American Psycho* 141)

Hier findet eine Art Illusionsbrechung statt, denn U2 und ihre Musik, die für Patrick normalerweise ein durch Tonträger, Videos oder Illustrierte vermitteltes Phänomen sind, werden real und berühren ihn emotional. Doch schon beginnt Patrick abermals, sich von dem Gefühl, dass jemand oder etwas ihm zu nahe gekommen ist, zu distanzieren und die Situation wie einen Film wahrzunehmen. Auch in der Musik scheint es also keine Identifikationsmöglichkeiten für ihn zu geben.

3.2.4 Printmedien / Werbung

Printmedien wie Zeitungen, Wirtschaftsblätter oder Lifestyle-Magazine sind in *American Psycho* allgegenwärtig, dienen allerdings nur selten als Lesestoff, sondern eher als Anleitungen, Accessoires und Statussymbole. Erwähnung finden sie daher nicht selten im Zusammenhang mit der Garderobe einer Figur:

> McDermott walks in next, carrying a copy of this week's *New York* magazine and this morning's *Financial Times*, wearing new nonprescription Oliver Peoples redwood-framed glasses, black and white wool houndstooth-check single-breasted suit with notch lapels, a striped cotton dress shirt with spread collar and a silk paisley tie, all of it designed and tailored by John Reyle. (*American Psycho* 105)

Darüber hinaus sind Printmedien für Patrick eine wichtige Informationsquelle in Bezug auf angesagte Markenartikel oder allgemeine Modefragen. Durch die Lektüre der Modeseiten bestimmter Lifestyle-Magazine hat er sich derart viel Wissen über das Erscheinungsbild des modernen Mannes angelesen, dass er für seine Geschäftsfreunde als die Referenz schlechthin in Bezug auf Modefragen gilt und sich damit einen gewissen Status erarbeitet hat (Kuon 2006: 239):

> "Well, the question really *is* – how should they [vests] be worn?" Hamlin inquires.
> "They should fit-" Reeves and I start simultaneously.
> "Oh sorry," Reeves says. „Go ahead."
> "No, it's okay," I say. „You go ahead."
> "I insist", George says.
> "Well, they should fit trimly around the body and cover the waistline," I say. "It should peek just above the waist button of the suit jacket. Now if too much of the vest appears, it'll give the suit a tight, constricted look that you don't want."
> "Uh-huh," Reeves says, nearly mute, looking confused. "Right. I knew that." (*American Psycho* 84)

Hand in Hand mit den „Gebrauchsanweisungen" aus Magazinen geht in *American Psycho* die Nennung von Markennamen (Alt 2006: 87). Dies zeigt sich nicht nur deutlich in der Charakterisierung von Personen, die im Wesentlichen in der Schilderung ihrer Kleidung und der Nennung der jeweils getragenen Marken oder Designer besteht, sondern auch in Patricks Beschreibung seiner Wohnungseinrichtung und seines allmorgendlichen „Kosmetikprogramm[s]" bestehend aus 48 Arbeitsschritten und der Verwendung unzähliger Markenprodukte im Kapitel „Morning" (Alt 2009: 87, *American Psycho* 23-29). Speziell in diesem Kapitel zeigt sich die Verbindung von Markennamen und Werbung (obwohl letztere nie direkt im Roman thematisiert wird) daran, dass Patrick scheinbar Werbesprüche bzw. Produktversprechen in sein Vokabular übernimmt, denn Sätz wie

> On weekends or before a date I prefer to use the Greune Natural Revitalizing Shampoo, the conditioner and the Nutrient Complex. These are formulas that contain D-panthenol, a vitamin B-complex factor; polysorbate 80, a cleansing agent for the scalp; and natural herbs.

klingen wie Zitate aus einem Werbespot (*American Psycho* 25). Indem Patrick Werbung zitiert, wird sie allgegenwärtig und er selbst zum Werbeträger (Kuon 2006: 239).

Werbung, Marken und Printmedien als Gebrauchsanweisungen bieten Patrick eine Ersatzorientierung in einer Welt uneingeschränkter Freiheit und grenzenloser Möglichkeiten: Einen starken Halt findet er diesbezüglich einerseits im Dress Code der Markenkleidung und andererseits in Medienangeboten, die eine Art sozialen Rahmen konstituieren (Alt 2009: 85 f.). Besonders deutlich wird dies am Beispiel von Donald Trump als ein in den Medien omnipräsenter Prominenter und dem Musical *Les Misérables*, das Ende der 80er Jahre am Broadway Premiere hatte. Donald Trump ist nicht nur regelmäßig Gegenstand von Unterhaltungen zwischen Patrick und seinen Geschäftsfreunden, sondern tritt vor allem durch Printmedien in Erscheinung: Patrick liest einen Artikel über ihn im *Fame Magazine* und beherzigt Ratschläge aus Trumps Buch *The Art of the Deal* (*American Psycho* 366, 266). Er empfindet uneingeschränkte Bewunderung für den Multimillionär, denn dieser ist sein unantastbares Idol. Trump ist für Patrick unerreichbar und bildet somit „den absolute Bezugspunkt, dem gegenüber sich die Akteure selbst verorten und ihre jeweiligen Relationen bestimmen" (Kuon 2006: 234 f.). Ähnlich verhält es sich mit einem anderen Prominenten, der ebenfalls im Roman auftaucht, allerdings persönlich: Auf dem Weg zu seinem Apartment trifft Patrick Tom Cruise im Aufzug und beginnt eher aus Verlegenheit mit ihm ein kurzes Gespräch, in dessen Verlauf auch der Film *Top Gun* (1986) erwähnt wird. In diesem Film spielte Tom Cruise einen Navy-Kampfjetpiloten und trug mit dieser heldenhaften Rolle wesentlich zum Verständnis von Männlichkeit in den Medien der 80er Jahren bei. Gleich zu Anfang der Begegnung bemerkt Patrick allerdings eine kleine Diskrepanz zwischen dem großen Leinwandhelden und dem realen Tom Cruise: „He is much shorter in person

[...]" (*American Psycho* 68). Nichtsdestotz scheint er befriedigt über die Feststellung, dass der Schauspieler dieselbe Sonnenbrille trägt wie er selbst und sich am Ende noch einmal so zeigt, wie Patrick ihn aus Filmen kennt: „Cruise smiles that famous grin and jabs at the Close Door button" (*American Psycho* 69). Die Illusionsbrechung, die durch das ernüchternde Aufeinandertreffen zunächst zustande kommt, wird also am Ende durch Tom Cruise selbst revidiert.

Hinsichtlich beruflichem Erfolg, Macht und damit einhergehender Männlichkeit sind demnach Personen des öffentlichen Lebens, die in verschiedenen Medienangeboten präsent sind, Patricks Bezugspunkt. Dem gegenüber steht seine Angst vor sozialem Abstieg, die sich im Roman ebenfalls medial manifestiert: Am deutlichsten geschieht dies durch die Werbeplakate des Musicals *Les Misérables* (Kuon 2006: 235). Der Titel, übersetzt „die Elenden", findet seine Entsprechung auch in einem Teil des Personals im Roman: Neben Beschäftigten an der Wall Street bevölkern vor allem Obdachlose und Bettler das Straßenbild von New York in *American Psycho*. Trotz dieser eindeutigen Korrespondenz ist Patrick nicht in der Lage, eine Beziehung zwischen den omnipräsenten Musical-Postern und den Obdachlosen herzustellen (Alt 2009: 112): Während er das Musical als Kunst versteht, erniedrigt er Obdachlose oder tötet sie sogar, weil er sie verabscheut. Besonders deutlich wird diese Blindheit in Bezug auf die Realität in der folgenden Textstelle:

> Once inside, ignoring the bum lounging below the *Les Misérables* poster and holding a sign that reads: I'VE LOST MY JOB I AM HUNGRY I HAVE NO MONEY PLEASE HELP, whose eyes tear after I pull the tease-the-bum-with-a-dollar trick and tell him, „Jesus, will you get a fucking shave, *please*," [...]. (*American Psycho* 109).

Es wird deutlich, dass Patrick die reale Konfrontation mit Obdachlosen nicht ertragen kann, denn es ist „kein Rückzugsraum mehr vorhanden [...]; es kann nicht mit Abschalten, Aufzeichnen und Überspielen ausgewichen werden." (Kuon 2006: 237). Anstatt sich also mit dem real existierenden Elend auf der Straße auseinander zu setzen und so ständig die Möglichkeit des eigenen sozialen Abstiegs vor Augen zu haben, flüchtet sich Patrick in verschiedene Medienangebote, die ihn in dem Gedanken, elitär zu sein, bestätigen. Vor allem die *Patty Winters Show* erfüllt diesbezüglich einen ganz besonderen Zweck: Diese Morning Show thematisiert häufig marginale gesellschaftliche Phänomene oder Probleme der Unterschicht mit Themen wie „People who weigh over seven hundred pounds – what can we do about them?" oder „Tips on how your pet can become a movie star" (*American Psycho*

15

272, 280). Patrick schaut diese Sendung jeden Tag oder nimmt sie auf Video auf, d.h. sie besitzt einen hohen Stellenwert für ihn, weil sie ihm zum einen als eine Rückversicherung seines Status dient und ihm als Gegenpol zur Orientierung an Donald Trump ein abschreckendes Beispiel für Prestige- und damit auch Männlichkeitsverlust vor Augen führt (Kuon 2006: 236).

Zusammenfassend lässt sich für die Funktion von Medienangeboten in *American Psycho* festhalten, dass sie in Patrick vor allem das Verlangen nach Nachahmung bzw. Reproduktion des Gesehenen hervorrufen, seine Wahrnehmung nachhaltig beeinflussen und die einzige Instanz sind, deren Werte und Normen er befolgt. Diese Medienfunktionen stehen alle in engem Zusammenhang mit Patricks Identität als Mann, denn er versucht ständig, durch das Befolgen medial vermittelter Werte oder die Nachahmung bestimmter Männlichkeitsbilder den Ansprüchen, die die Medien an den modernen Mann stellen, gerecht zu werden. Gelingen will ihm dies nicht recht. Selbst wenn Medienangebote ihm die Möglichkeit zum Ausbruch aus seinem gewohnten Denkschema geben (beispielsweise in Form von Musik), haben sie keine kathartische Funktion, denn Patrick wird sich der Differenz zwischen der Medien- und der realen Welt nicht bewusst und ergeht sich lediglich in „Pseudo-Epiphanien", d.h. er erlebt nur scheinbar Momente der Klarheit und Selbsterkenntnis (Leypoldt 2001: 259, Kuon 2006: 253). Tatsächlich bewegt er sich in einer medialen Parallelwelt mit Regeln, Werten und Normen, die im realen Leben keine Bedeutung haben, und ihm deshalb die Ausweglosigkeit seiner Lebenssituation umso schmerzlicher bewusst wird, wenn er sich nicht von Medien „berieseln" lässt (Kuon 250 f.). Patricks Wünsche, Sehnsüchte und Identifikationsmöglichkeiten werden dementsprechend scheinbar von Medienangeboten aufgefangen, doch tatsächlich lassen sie ihn unsicher und unbefriedigt zurück und erschweren ihm das Zurechtkommen in der realen Welt sowie die Interaktion mit anderen Menschen erheblich (Egloff 2001: 64 f.). Durch seinen Medienkonsum erschafft sich Patrick eine Art „Hyperrealität [...] an der Schnittstelle von Wirklichkeit [...] und [...] Simulation" (Egloff 2001: 21, 105). Dies zeigt sich deutlich in seiner filmischen Wahrnehmung: Für Patrick gilt die Maxime „je medialer, desto authentischer", denn zum einen hat er Angst vor allzu realen Situationen und seiner eigenen Rolle darin, zum anderen braucht er eine Vermittlungsinstanz in Form eines Mediums, um das

Geschehen um ihn herum mit Bedeutung aufzuladen (Alt 2009: 32 f., Egloff 2001: 82). Diese Herangehensweise erweist sich vor allem im Zusammenhang mit körperlicher Gewalt als eine besonders drastische Maßnahme der Realitätskontrolle.

4. Gewaltanwendung und ihre mediale Inszenierung

Es erscheint klischeehaft, eine unbedingte Verbindung zwischen Aggressionen und Gewalt einerseits und der Konstruktion von Männlichkeit andererseits herzustellen, doch innerhalb der Men Studies scheint sich diese Korrelation zu bestätigen: Stefan Horlacher sieht „die Flucht in eine Art von Selbstzerstörung und Aggressivität" durchaus im Streben nach einer „Supermännlichkeit" begründet, das notwendigerweise mit dem Bewusstsein der eigenen Unzulänglichkeit auf Seiten des Mannes einhergeht (Horlacher 2006: 31). Walter Erhart und Britta Hermann gehen in eine ähnliche Richtung, wenn sie darauf hinweisen, dass der Mann, der sich in seiner Identität bedroht fühlt, oft in archaische Muster verfällt (Erhart & Hermann 1997: 23). Außerdem verweisen sie auf Klaus Theweleit, der Gewaltfantasien als „fehlgeleitete Variante allgemeiner männlicher Ängste und Sexualphantasien" erkannte (Erhart & Hermann 1997: 7). Auch Asbjørn Grønstad zieht eine Verbindungslinie von den Anforderungen der Moderne zum gewalttätigen Mann: „Above all, it appears to be modernity itself which provokes the immersion of masculinity in fantasies of violence and dreams of mortality" (Grønstad 2008: 90). In *American Psycho* selbst wird der Rückgriff auf archaische, ja barbarische Muster in einem oft wiederholten, doch zunächst skurril anmutenden Satz deutlich: „Did anyone know cavemen got more fiber than we do?" (*American Psycho* 50, Schäfer 2007: 346).

Patricks Streben nach Autorität und sein Wille, die eigene Identität als Mann vor allem in Machtdemonstrationen gegenüber Frauen und Minderheiten, die ihn fürchten, zu festigen, lässt ihn ebenfalls auf Aggressivität und Gewalt zurückgreifen (Alt 139 f.). Insbesondere Akte der Erniedrigung und Angriffe auf die körperliche Weiblichkeit durch das Entfernen von Vaginas, die Patrick wie Trophäen sammelt, spiegeln seinen Wunsch, die eigene männliche Machtposition gegenüber der weiblichen Opferrolle abzugrenzen (Kuon 2006: 225). Auch die mediale Reizüberflutung und die oberflächliche Dekadenz seiner Lebenswelt rufen in ihm ein Verlangen nach Körperlichkeit und Fassbarkeit hervor. Alt spricht hier vom

„Überschreiten der Grenzen der körperlichen Geschlossenheit" auf der Suche „nach dem Authentischen" (Alt 2009: 79). Wie Grønstad mit einem Zitat von John Fraser herausstellt, hat Gewalt viele Funktionen:

> 'The functions of violence are ... numerous – violence as release, violence as communication, violence as play, violence as self-affirmation, or self-defense, or self-discovery, violence as a flight from reality, violence as the truest sanity in a particular situation.' (Grønstad 2008: 47)

In Patricks Fall scheinen vor allem die Funktionen „Befreiung" (von medial vermittelten Normen), „Selbstbestätigung" bzw. Bestätigung der eigenen Männlichkeit und „Flucht vor der Realität" zutreffend.

Doch Patricks Befreiungs- und Affirmationsversuche sind nicht allein an Aggressionen und Gewalt gekoppelt, sondern auch an deren mediale Inszenierung: Patrick filmt mit seiner Videokamera alle Handlungen, die er in seiner Wohnung an seinen Opfern vollzieht, seien es sexuelle oder gewalttätige. Er dreht „Snuff-Filme", d.h. Filme, in denen Menschen real misshandelt und getötet werden und imitiert damit in einer grausamen Symbiose sowohl die Horror- als auch die Pornovideos, die er sich in der Videothek ausleiht (Alt 2009: 122). Ein wichtiges Element in diesen Simulationen ist dabei Patricks eigenes Mitwirken im Film und seine Regieanweisungen (Alt 2009: 75 f., Kuon 2006: 230):

> [...] I decide to take this as an opportunity to lead them into the bedroom, where I make Sabrina dance a little before taking off her clothes in front of Christie and me while every halogen bulb in the bedroom burns. I have her put on a Christian Dior lace and charmeuse teddy and then I take off all my clothes – except for a pair of Nike all-sport sneakers – and Christie eventually takes off the Ralph Lauren robe and is buck naked except for an Angela Cummings silk and latex scarf, which I knot carefully around her neck, [...]. (*American Psycho* 166)

Hier geht Patrick einen Schritt weiter als in der Szene mit Jean oder der Verfolgungsjagd, denn er produziert tatsächlich einen Film bzw. ein Video und hat die absolute Kontrolle über das Geschehen. Auch hier scheint es, als müsste die reale Situation erst durch Medientechnologien vermittelt werden, um für Patrick wahr zu werden. Seine eigene Konstruktion von Männlichkeit muss er auf Video bannen, um sie zu manifestieren, immer verfügbar zu machen und zum Teil auch seinen Opfern zum Beweis seiner Überlegenheit zu zeigen. Darüber hinaus dient ihm das Filmen seiner Gewalttaten als Mittel zur Einsicht insbesondere in Konstruktionen von Weiblichkeit: "As usual, in an attempt to understand these girls I'm filming their deaths" (*American Psycho* 292). Einerseits soll diese Aufnahme in Echtzeit und die minutiöse Wiedergabe aller Details die Authentizität des Geschehens erhöhen und wahre Einsicht bringen, doch tatsächlich wird durch die Einschaltung einer medialen Instanz nur die Hyperrealität weitergesponnen, in der sich Patrick ohnehin schon bewegt (Leypoldt 2001: 256-258). Weder Einsicht, noch Stimulation oder Befriedigung sind so möglich (Kuon 2006: 230).

Die Medialisierung von Gewaltexzessen und die damit einhergehende „Simulation von Körperwelten" eröffnet vielmehr eine ästhetische Qualität von Gewalt und Verstümmelung, ähnlich einer Ästhetik des Hässlichen: Patrick wird im Roman durchweg als ausgesprochener Ästhet dargestellt und selbst im gewalttätigen Akt sucht er noch das Darstellungswürdige, ein „ästhetisches Formprinzip" als Gegenentwurf zur Wirklichkeit (Kremer 2000: 209, 212; Alt 2009: 74). Dieses ästhetische Prinzip ist einerseits eng mit Konstruktionen von potenter Männlichkeit verbunden, andererseits hat es aber auch eine Orientierungsfunktion und dient als strukturbildendes Element in Patricks Leben und damit auch im Roman selbst: Die serielle Struktur seiner Morde rationalisiert und depotenziert sein Vorgehen bis zu einem gewissen Grad und der einem Serienmörder wie Patrick eigene „Selbstüberbietungszwang", nach dem der folgende Mord immer noch grausamer sein muss als der vorangegangene, verleiht dem Roman nicht nur seinen Spannungsbogen, sondern macht den Leser gleichzeitig zu einer Art Komplizen, der Patrick bereitwillig in seinem Blutrausch folgt (Kremer 212, Alt 118). Trotz dieser Ordnung verheißenden Struktur tritt in *American Psycho* nicht die Wirkung ein, die Detlef Kremer in seiner Definition von Gewalt miteinschließt:

> Gewalt bezeichnet das eminente Ereignis, in dem ein Riss im Kontinuum der Vernunft sinnfällig wird und das doch paradoxerweise immer wieder gebraucht wird, um die Ordnung, die sie vorübergehend zum Einsturz brachte, wieder zu stabilisieren. (Kremer 2000: 209)

In Ellis' Roman wird der ohnehin nicht mehr aufzuhaltende Werteverlust konsequent weitergedacht, doch dies führt für Patrick nicht zu einer Katharsis noch hilft es ihm bei der eigenen Identitätsfindung. Auf diesem Wege kann er weder das Chaos seiner Lebenswelt ordnen, noch eine stabile männliche Identität losgelöst von medial vermittelten Vorgaben entwickeln.

5. Schlussfolgerung

Ziel der vorangegangenen Analyse von Bret Easton Ellis' *American Psycho* war die Demonstration einer Wechselwirkung zwischen Medien und Konstruktionen von Männlichkeit im Roman. Es konnte gezeigt werden, dass Medienkonsum und Medienproduktion in *American Psycho* eng mit der Krise des Mannes verknüpft sind, die insbesondere ab den 1980er Jahren virulent wird.

Die Hauptfigur Patrick Bateman orientiert sich in seiner Rolle als Mann sehr stark an verschiedenen Medienangeboten, die besonders in den 80er Jahren immer komplexere Konstruktionen von Männlichkeit verbreiten und es dem individuellen Mann erschweren, sich auf diesem Markt der maskulinen Identitäten zurecht zu finden. Tatsächlich schafft es Patrick nicht, mithilfe durch Medien vermittelter Werte mit sich ins Reine zu kommen, sondern fühlt sich dehumanisiert und damit auch entmännlicht:

> ... there is an idea of a Patrick Bateman, some kind of abstraction, but there is no real me, only an entity, something illusory, and though I can hide my cold gaze and you can shake my hand and feel flesh gripping yours and maybe you can even sense our lifestyles are probably comparable: *I simply am not there.* (*American Psycho* 362)

Patrick ist orientierungslos und sein Wunsch nach Anpassung und Zugehörigkeit ("I ... want ... to ... fit ... in." (*American Psycho* 228)) erfüllt sich nicht. Daher sucht er durch Ausübung von Gewalt, insbesondere gegenüber Frauen, und durch die mediale Inszenierung extremer Sex- und Gewaltszenarien, in denen er die Hauptrolle übernimmt, die Autorität seiner Männlichkeit wiederherzustellen, was ihm letzten Endes nicht gelingt. Patrick macht im Roman keine Entwicklung durch und kann den Herausforderungen, die die Moderne an den Mann stellt, nicht gerecht werden. In ihm vollzieht sich das "paradox of virility", das Marilyn Wesley folgendermaßen erklärt: „Although the practice of violence is plotted as a necessary response to the conditions of modernity, it generally destroys rather than develops protagonists." (Grønstad 2008: 91). Patrick versucht, der Realität eine medial produzierte Illusion entgegen zu setzen, zunächst mental, später physisch, doch er vermag es nicht, seine Krise als Mann zu überwinden und stellt resigniert fest, dass seine Befreiungsversuche fehlgeschlagen sind: "This is not an exit." (*American Psycho* 384). So wird Patrick Bateman als *American Psycho* zu dem traurigen jungen Mann, dessen Bild Bret Easton Ellis im Zitat am Anfang dieser Arbeit heraufbeschwört.

6. Bibliographie

Primärliteratur:

Ellis, Bret Easton (2006 [1991]): *American Psycho*. London: Picador.

Sekundärliteratur:

Alt, Constanze (2009): *Zeitdiagnosen im Roman der Gegenwart: Bret Easton Ellis' American Psycho, Michel Houellebecqs Elementarteilchen und die deutsche Gegenwartsliteratur.* Berlin: Trafo.

Diez, Georg: „'Ich habe Angst vor dem Spiegel'." *Zeit Online*. 05. Januar 2006. Letzter Zugriff: 27.03.2010.
<http://www.zeit.de/2006/02/Titel_2fEaston_Ellis?page=all>

Egloff, Götz (2001): *Der einsame Beobachter bei Fitzgerald, Salinger und Ellis. Individuum und Gesellschaft im US-amerikanischen Roman des 20. Jahrhunderts.* Marburg: Tectum-Verlag.

Erhart, Walter & Britta Hermann (1997): „Der erforschte Mann?" Walter Erhart & Britta Hermann (Hg.): *Wann ist der Mann ein Mann? : Zur Geschichte der Männlichkeit.* Stuttgart: Metzler. 3-31.

Grønstad, Asbjørn (2008): *Transfigurations: Violence, Death and Masculinity in American Cinema.* Amsterdam: Amsterdam University Press.

Horlacher, Stefan (2006): *Masculinities: Konzeptionen von Männlichkeit im Werk von Thomas Hardy und D.H. Lawrence.* Tübingen: Gunter Narr Verlag.

Kremer, Detlef (2000): „Gewalt und Groteske bei David Lynch und Francis Bacon." Rolf Grimminger (Hg.), *Kunst – Macht – Gewalt: Der ästhetische Ort der Aggressivität.* München: Fink. 209-229.

Kuon, Ludwig (2006): „René Girard und die Wahrheit des Romans. Der mimetische Konflikt als Handlungsschema in den Romanen von Bret Easton Ellis, *American Psycho* (1991), Michel Houellebecq, *Elementarteilchen* (1996) und Vladimir Sorokin, *Der himmelblaue Speck* (1999)." Diss. Albert-Ludwigs-Universität Freiburg i. Br.

Leypoldt, Günter (2001): *Casual Silences: The Poetics of Minimal Realism from Raymond Carver and the New York School to Bret Easton Ellis.* Trier: WVT.

Rajewsky, Irina O. (2002): *Intermedialität.* Tübingen: Francke.

Schäfer, Frank (2007): *Zensierte Bücher: Verbotene Literatur von Fanny Hill bis American Psycho.* Erftstadt: Area.

21

Schmidt, Siegfried J. (2000): *Kalte Faszination: Medien, Kultur, Wissenschaft in der Mediengesellschaft.* Weilerswist: Velbrück Wiss.

Smith, Paul (1997): „Vas. Männlichkeit und Sexualität." Walter Erhart & Britta Hermann (Hg.): *Wann ist der Mann ein Mann? : Zur Geschichte der Männlichkeit.* Stuttgart: Metzler. 58-85.

Stockmann, Ralf (2005): „Der Videoboom der achtziger Jahre." Werner Faulstich (Hg.). *Die Kultur der 80er Jahre.* München: Wilhelm Fink Verlag. 123-135.